¡Los elefantes también necesitan un doctor para sus ojos!

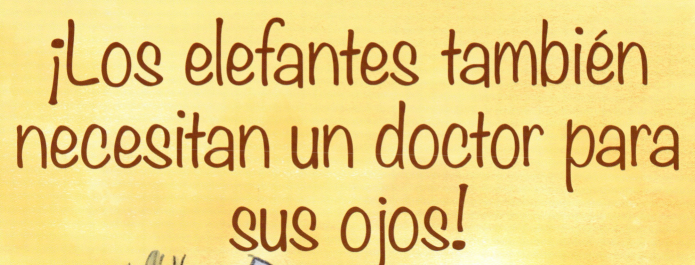

Escrito por
Sandra San Miguel,
D.V.M., Ph.D.

Wendy Townsend,
D.V.M., M.S, D.A.C.V.O.

Ilustrado por
CA Nobens

This Is How We "ROLE"
Inspiring Future Veterinarians

¡Los elefantes también necesitan un doctor para sus ojos!!

Escrito por: Sandra San Miguel, D.V.M., Ph.D. y Wendy Townsend, D.V.M., M.S., D.A.C.V.O.

Ilustrado por: CA Nobens

Agradecimientos

El contenido de este libro fue revisado por Christine D. Mikusevich-Finney, O.D.; Alejandro Cuza, Ph.D.; Adrianne Fisch, B.S. (Consumidor y Estudios Comunitarios); Katie Morgan, A.A.S. (Agricultura); y Marisol Uribe, B.A. (Sociología). El diseño del libro fue de Allison Carey, B.A. (Bellas Artes). Las imágenes fueron proporcionadas por Rachael Kirksey. La traducción fue realizada por Jorge Peña, M.A. También quisiéramos agradecer a la Universidad de Purdue Press.

Resumen

Oftalmólogos y veterinarios ayudan a la gente y sus animales a ver.

Este proyecto está respaldado por el programas de Science Education Partnership Award (SEPA) de los Institutos Nacionales de la Salud (NIH). Su contenido es responsabilidad exclusiva de los autores y no representa necesariamente la visión oficial de los NIH.

NIH . . . *Turning Discovery Into Health*

ISBN 978-1-62671-071-9

Aprende más sobre este proyecto:
www.WeRoleLikeThis.org

Purdue University Science Education Partnership Award (SEPA), NIH

Contenido

¿Cómo funcionan los ojos?

Los animales tienen diferentes clases de ojos, pero todos ellos usan sus ojos para poder ver las cosas. El ojo está formado por muchas partes. Todas estas partes trabajan en conjunto con el cerebro para proteger el ojo y ayudarnos a ver. A continuación vamos a hablar de algunas de las partes del ojo.

Partes que protegen al ojo:

Párpados: Los párpados protegen la parte frontal de los ojos, cubriéndolos para evitar que entren cosas del exterior. Las personas y algunos primates, como los simios y los monos, tienen dos párpados; mientras que otros animales pueden tener hasta tres párpados.

Pestañas: Las pestañas ayudan a mantener fuera del ojo basuras (suciedades), polvo, y otras cosas que se encuentran en el ambiente, haciendo cerrar los párpados. Por ejemplo, los camellos tienen unas pestañas muy largas para mantener la arena fuera de sus ojos.

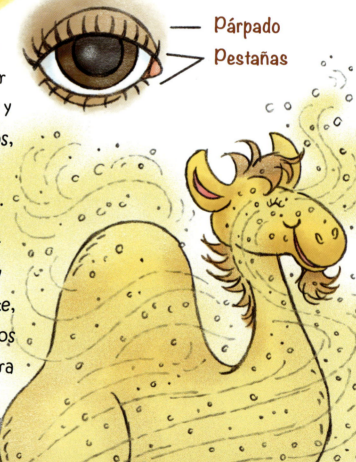

Párpado

Pestañas

4

Partes del ojo que nos ayudan a ver:

Pupila: La parte negra que se encuentra en el centro del ojo se llama la pupila. La pupila es la puerta que controla la cantidad de luz que entra al ojo. Nosotros necesitamos luz para ver. Las pupilas pueden tener diferentes formas; las personas, los elefantes y los perros tienen pupilas redondas. Los gatos tienen pupilas en forma de hendeduras. Las cabras tienen pupilas rectangulares.

Rectangular

Redondo

Hendedura

Iris: Esta es la parte del ojo que tiene color. ¿De qué color son tus ojos? El iris controla el tamaño de la pupila. La pupila se hace más grande en la oscuridad para permitir que entre más luz. La pupila se hace pequeña en lugares con mucha luz para que entre menos luz al ojo.

Lente: El lente enfoca la luz que entra al ojo sobre la retina.

Cornea y Retina: La cornea trabaja en conjunto con el lente para enfocar lo que se ve en la retina. La retina toma una foto de lo que ves, ¡solo que esa foto que toma esta al revés! Esta foto al revés es enviada al cerebro y él se encarga de ponerla al derecho otra vez.

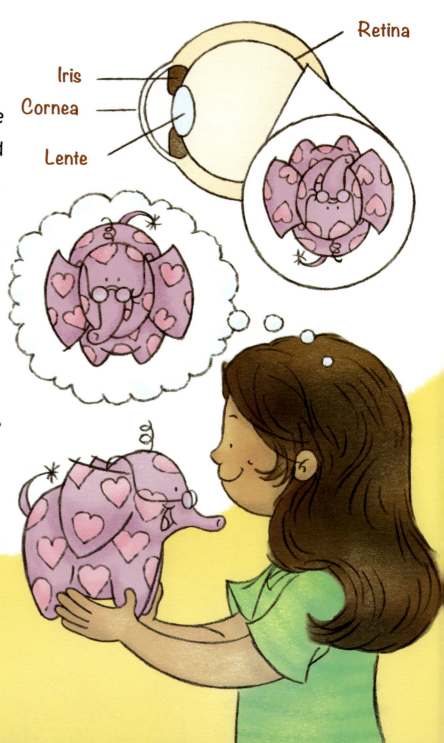

Retina

Iris

Cornea

Lente

¿Cuánto pueden ver los animales?

Los animales que cazan a otros animales para comer (como los leones) son llamados depredadores. Los depredadores tienen sus ojos frente a su cabeza y en su mayoría, ven las cosas frente a ellos. Los depredadores mueven su cabeza para ver las cosas que están a su lado o que se encuentran atrás. Los animales que son cazados por otros animales (como las ovejas) son llamados animales de presa. Los animales de presa tienen sus ojos hacia los lados de su cabeza. Los animales de presa pueden ver en todos los sentidos sin tener que voltear sus cabezas. Esto le ayuda a los animales a detectar depredadores dándoles tiempo para escapar.

¿Pueden los animales ver en la oscuridad?

Las personas no son muy buenas viendo en la oscuridad, pero algunos animales que viven bajo tierra (como los suricatos) o predadores que cazan durante la noche (como los búhos) necesitan ver muy bien en la oscuridad. Estos animales usualmente tienen unos ojos grandes para que les entre una mayor cantidad de luz y así poder ver mejor en la oscuridad. A veces los ojos de los animales brillan en la oscuridad y esto ocurre porque en sus ojos tienen una parte especial que no tenemos nosotros las personas llamada tapetum lucidum. El tapetum lucidum les ayuda a ver cuando hay poca luz.

¿Qué colores ven los animales?

La mayoría de las personas pueden ver muchos colores, pero no todos los animales ni todas las personas pueden ver todos los colores. Los colores como el rojo, el verde y el café se ven iguales para algunas personas. Los colores solo ven en diferentes tonos. Los colores como el azul y el amarillo se ven también como el mismo color. Los colores pueden ser confusos ya que ellos se parecen, es por eso que algunos animales como los caballos, los perros, las vacas, y los elefantes ven de esta manera. Ellos solos ven amarillo, azul claro, y gris. Por otro lado, no todos los animales pueden ver como las personas. Muchas veces, estos animales pueden ver fuera de foco o borroso.

Esto es lo que vería una persona.

Así es como vería un cerdo la misma cosa.

Los pájaros y las abejas pueden ver en realidad más colores que las personas.

Así es como una persona vería.

Así es como vería un pájaro.

Así es como vería una abeja.

¿Por qué las personas y los animales van al oftalmólogo?

La mayoría de las personas van al oftalmólogo para estar seguros que sus ojos están sanos y se encuentran viendo bien. El oftalmólogo se asegura de que tú veas todo lo que uno debe ver. Si no, puedes necesitar gafas o lentes de contacto para ayudarte a ver mejor. Algunas veces las personas van al oftalmólogo porque se han lastimado el ojo o tal vez porque tiene algo atascado en el ojo y no pueden sacarlo, o porque se han lastimado el ojo y tienen un rasguño. A veces alguna parte del ojo se enferma.

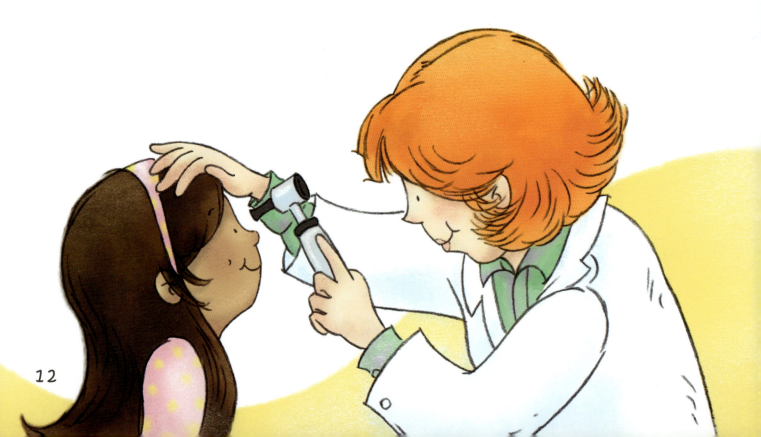

Cuando las personas envejecen los lentes que están dentro del ojo se pueden nublar y esto hace que sea difícil ver. A esto se le llama Catarata. El oftalmólogo puede realizar una operación en la que remueve el lente nublado y coloca un lente nuevo y así con los lentes limpios las personas puede ver claro de nuevo. Los animales van al veterinario para hacerse la revisión de los ojos por la misma razón que las personas van. Puede ser que tengan problemas para ver las cosas o tal vez tu mascota se ha lastimado su ojo. ¡Los elefantes y otros animales pueden incluso llegar a tener Cataratas! Tu veterinario puede operarle las Cataratas y arreglar los lentes de tu animal para que pueda ver de nuevo sin necesidad de usar gafas.

¿Qué sucede durante el examen de ojos?

Tú vas al oftalmólogo para que te realice un examen de la vista. Tu veterinario le realizará un examen de la vista a tu mascota. Algunas cosas serán **iguales** mientras que algunas otras serán **diferentes**.

El oftalmólogo te preguntará si estás teniendo problemas para ver, si te frotas mucho los ojos o si parpadeas frecuentemente.

Igual: De la misma manera el veterinario te preguntará si tu mascota ha presentado problemas al ver las cosas o si se frota los ojos frecuentemente.

El oftalmólogo te pedirá que mires una tabla con dibujos o letras. Él te cubrirá un ojo mientras miras con el otro ojo para asegurarse que ambos ojos se encuentran funcionando bien. Después, el oftalmólogo te pedirá que mires a través de una par de gafas gigantes llamadas foróptero. Tú verás imágenes y dirás si se ven mejor o peor mientras miras a través de los diferentes lentes. ¡Un elefante realmente no puede realizarse un examen de la vista, pero es gracioso imaginárselo! Después de esto el oftalmólogo podría darte un par de gafas para que puedas ver mejor.

15

Diferente: Tu veterinario te pedirá que camines con tu mascota por un pasillo o a través de un laberinto para estar seguro que el animal puede ver todo. Ya que los animales no pueden usar gafas, tu veterinario te dará unos consejos para ayudar a tu mascota en caso que no vea bien.

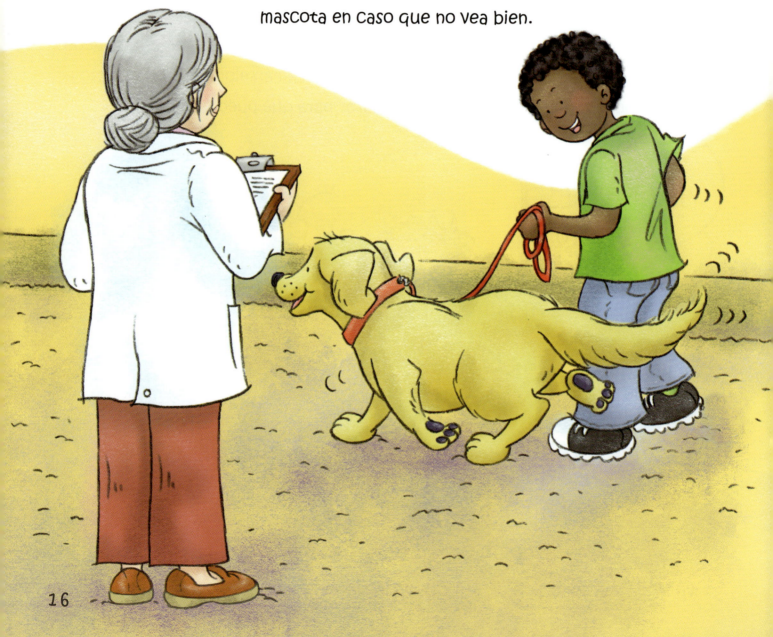

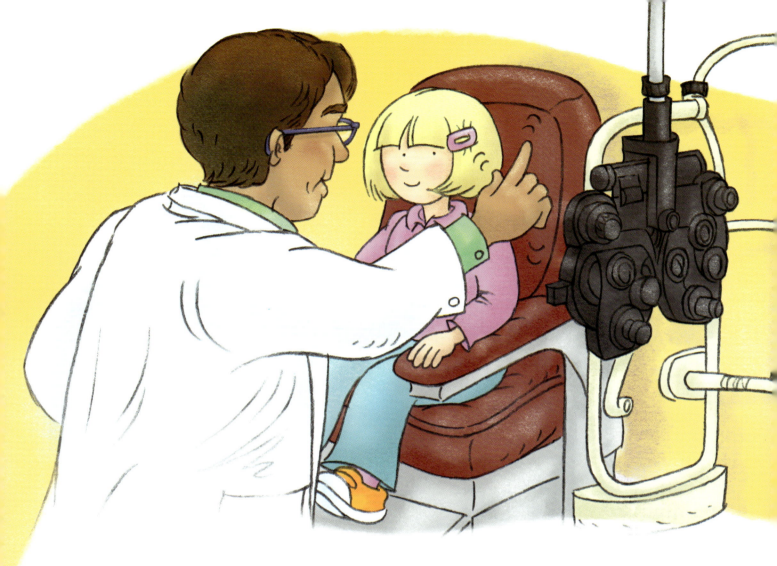

El oftalmólogo te pedirá que mires un objeto que se está moviendo a tu alrededor para estar seguro que tú puedes ver y seguir con la mirada objetos en movimiento.

Igual: Igualmente tu veterinario puede balancear un objeto al frente de tu mascota para ver si sigue el objeto con sus ojos.

Tus ojos y los ojos de tu mascota están llenos de un líquido claro. El oftalmólogo puede soplar aire en tus ojos o usar un instrumento llamado tonómetro para estar seguro que tu ojo no tenga mucho líquido en él.

Igual: De la misma manera tu veterinario hará lo mismo a tu mascota para saber si el líquido del ojo esta lo suficientemente lleno.

El oftalmólogo puede poner unas gotas en tus ojos para que tu pupila se haga más grande y así podrá ver las partes que están dentro del ojo. A esto se le llama dilatación de la pupila.

Igual: De la misma forma tu veterinario puede dilatar las pupilas de tu mascota para poder ver con más claridad las partes que se encuentran en el interior del ojo.

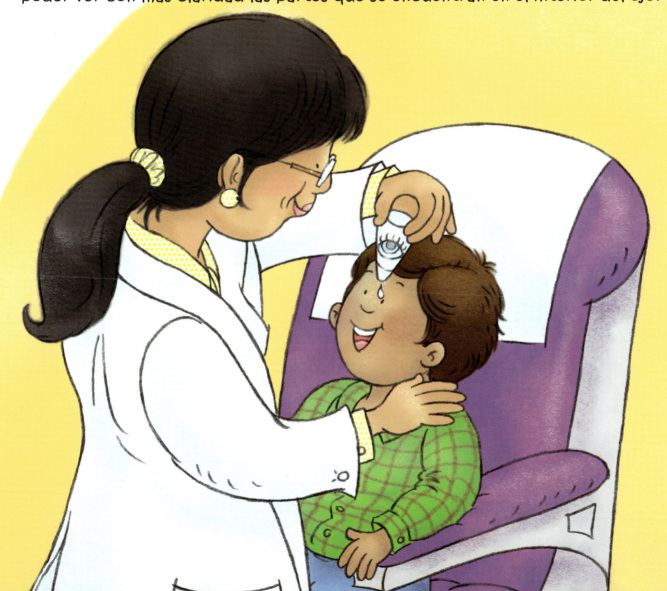

19

El oftalmólogo puede usar un instrumento llamado oftalmoscopio o un instrumento muy grande llamado lámpara de hendedura para hacer brillar luz en los ojos y así poder mirar dentro de ellos.

Igual: De la misma manera el veterinario puede usar el mismo instrumento en los ojos de tu mascota para ver las partes que están dentro del ojo.

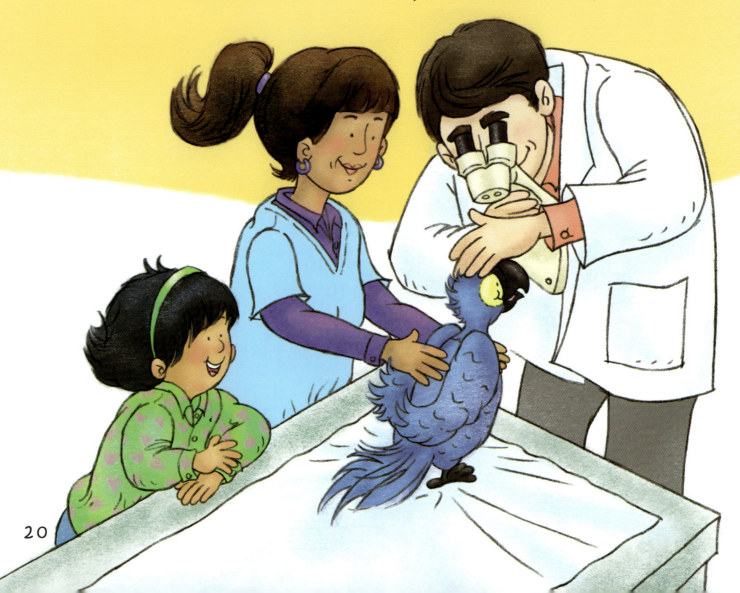

Si te rasguñaste los ojos, el oftalmólogo puede ponerte unas gotas en los ojos para poder ver el rasguño mejor. El oftalmólogo te dará la medicina para ponerla en tu ojo y ayudar a sanar pronto el rasguño.

Igual: Similarmente, si algo lastima el ojo de tu mascota, el veterinario pondrá unas gotas en el ojo de tu mascota para ver mejor lo que le ha pasado. El veterinario te dará la medicina para ponerle en el ojo a tu mascota para que pueda sanar.

¿Sabías que...?

¿Sabías que hay veterinarios que se ocupan de cuidar los ojos de los animales? Ellos son los llamados oftalmólogos veterinarios. Esta especialización veterinaria se encarga del cuidado de los ojos de los animales. La Dra. LaTisha Taylor es una oftalmóloga veterinaria.

Aquí está ella examinando los ojos del perro "Duke Day" usando la lámpara de hendedura.

23

Banco de palabras

catarata

cornea

dilatación

iris

lentes

oftalmólogo / optómetra

oftalmoscopio

foróptero

predador

presa

pupila

retina

lámpara de hendedura

tapetum lucidum

tonómetro

Elephants Need Eye Doctors, Too!

Written by
Sandra San Miguel,
D.V.M., Ph.D.

Wendy Townsend,
D.V.M., M.S., D.A.C.V.O.

Illustrated by
CA Nobens

PURDUE
UNIVERSITY.

NIH SEPA

This Is How We "ROLE"

Inspiring Future Veterinarians

Elephants Need Eye Doctors, Too!

Written by: Sandra San Miguel, D.V.M., Ph.D. and Wendy Townsend, D.V.M., M.S., D.A.C.V.O.

Illustrated by: CA Nobens

Acknowledgments

The contents of this book were reviewed by Christine D. Mikusevich-Finney, O.D.; Alejandro Cuza, Ph.D.; Adrianne Fisch, B.S. (Consumer and Community Studies); Katie Morgan, A.A.S. (Agriculture); and Marisol Uribe, B.A. (Sociology). Book design was by Allison Carey, B.A. (Fine Arts). Translation by Jorge Peña, M.A. Photographs provided by Rachael Kirksey. We would also like to thank the Purdue University Press.

Summary

Eye doctors and veterinarians help people and their animals see.

Supported by the Science Education Partnership Award (SEPA) program of the National Institutes of Health (NIH). Its contents are solely the responsibility of the authors and do not necessarily represent the official views of the NIH.

NIH . . . *Turning Discovery Into Health*

ISBN 978-1-62671-071-9

Learn more about this project:
www.WeRoleLikeThis.org

Purdue University Science Education Partnership Award (SEPA), NIH

Table of Contents

How do eyes work?

Animals can have different types of eyes, but all eyes are used to see things. Eyes have lots of parts. The parts work together with our brain to protect the eyes and to help us see. We will explore some of the parts here.

Eye Parts that Protect:

Eyelids: Eyelids protect the front of your eyes by covering them up to keep things out. People and other primates, like apes and monkeys, have two eyelids. Many other animals have three eyelids.

Eyelashes: Eyelashes help keep dirt, dust, and other things out of your eyes by telling your eyelids to close. Camels have really long eyelashes to keep sand out of their eyes.

Eyelid
Eyelashes

4

Eye Parts that Help us See:

Pupil: The black part in center of the eye is called the pupil. The pupil is the opening that controls the amount of light that enters the eye. We need light to see. People, elephants, and dogs have round pupils. Pet cats have slits for pupils. Goats have rectangles for pupils.

Rectangle

Round

Slit

Iris: The iris is the part of the eye that has colors. What color are your eyes? The iris controls the size of the pupil. The pupil gets bigger in dark places to let more light in. The pupil gets smaller in bright places to let less light in.

Lens: The lens focuses the light that enters the eye onto the retina.

Cornea and Retina: The cornea works with the lens to focus what you see on the retina. The retina takes a picture of what you see, except that the picture is upside down! This upside down picture gets sent to your brain and your brain turns it right side up again.

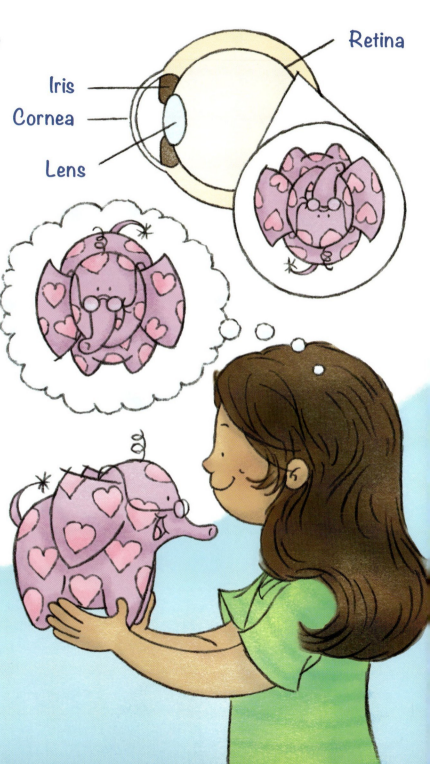

Retina

Iris

Cornea

Lens

How much do animals see?

Animals that hunt other animals for food (like lions) are called predators. Predators have eyes in front of their heads and mostly see things in front of them. Predators must turn their heads to see things that are to the side or behind them. Animals who are hunted by other animals (like sheep) are called prey animals. Prey animals have eyes on the sides of their heads. Prey animals can see almost all the way around without having to turn their heads. This helps prey animals spot predators so they have time to escape.

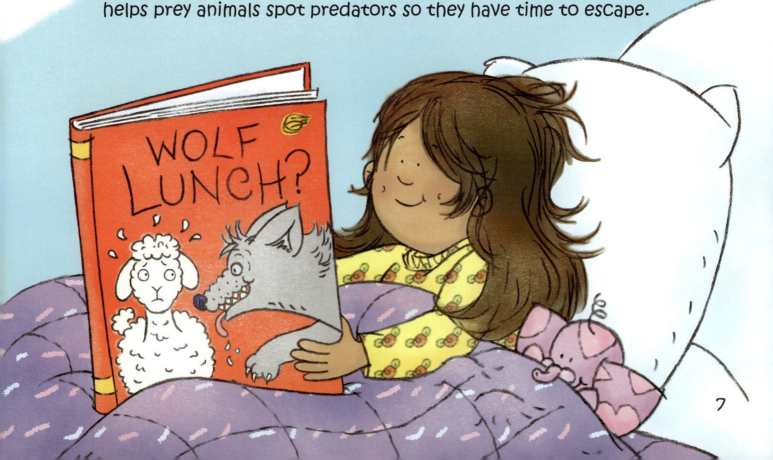

Can animals see in the dark?

People aren't very good at seeing in the dark, but animals who live underground (like meerkats) or predators who hunt at night (like owls) need to see really well in the dark. These animals usually have big eyes to let more light in so they can see in the dark. Sometimes an animal's eyes glow in the dark. Their eyes have a special part that people's eyes don't have called the tapetum lucidum. The tapetum lucidum helps them see when there isn't much light.

What colors do animals see?

Most people can see many colors, but not all people and animals can see every color. The colors red, green, and brown all look the same to some people. They just appear in different shades. Blue and yellow look the same too. Colors are often confused because they look alike. Some animals like horses, dogs, cows, pigs and elephants see like this. These animals can only see yellow, light blue, and gray colors. Also, not all animals see as well as people. Many times, what an animal sees is blurry or out of focus.

This is what a person would see.

This is how a pig would see the same thing.

Birds and bees can actually see more colors than people!

This is what a person would see.

This is how a bird would see it.

This is how a bee would see it.

Why do people and animals go to the eye doctor?

Most people go to the eye doctor to make sure their eyes are healthy and seeing well. The eye doctor makes sure that you are seeing everything that you should be seeing. If not, you might need glasses or contact lenses to help you see better. Sometimes people go to the eye doctor because their eye got hurt. Maybe something got stuck in their eye and they can't get it out. Maybe they got poked in the eye and it is scratched.

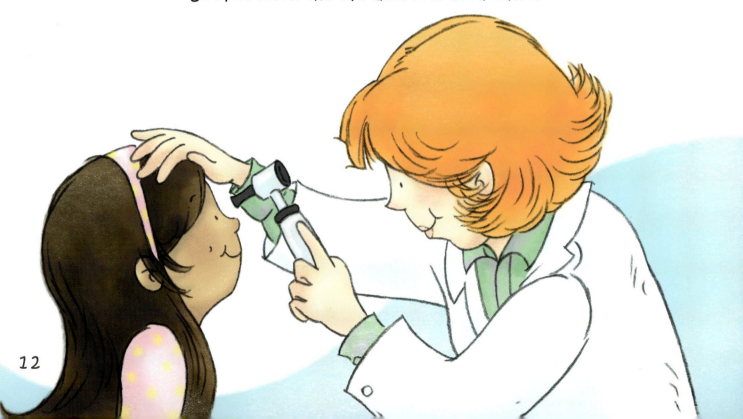

Sometimes, parts of the eye have diseases. When people get old, the lens inside the eye can get cloudy and hard to see through. This is called a cataract. The eye doctor can operate on the person to remove the cloudy lens and give them a new, clear lens so they can see well again. Animals go to the veterinarian to have their eyes checked for the same reasons. They might be having trouble seeing things. Maybe your pet hurt its eye. Elephants and other animals can even get cataracts! Your veterinarian can operate on the cataracts and fix them so your animal can see again... without wearing eyeglasses!

What can happen during an eye exam?

You will go to an eye doctor for your eye exam. Your veterinarian will perform an eye exam on your pet. Some things will be the **same** and some things will be **different**.

Your eye doctor might ask if you are having trouble seeing things, if you rub your eyes a lot, or if you blink a lot.

Same: Your veterinarian will ask you if your pet has been having trouble seeing things, or if your pet rubs its eyes a lot.

Your eye doctor might ask you to look at pictures or letters. They will have you cover up one eye while you look with the other eye to make sure both eyes are working well. Next, your eye doctor might have you look through a giant pair of glasses called a phoropter. You will see pictures and say whether things look better or worse, as you look through different lenses. An elephant can't really take an eye test, but it's funny to imagine! Afterwards, your eye doctor might give you glasses so you can see better.

15

Different: Your veterinarian might have you walk your pet down a hallway or through a maze to make sure it can *see* everything. Since animals don't get to wear glasses, your veterinarian will give you tips on how to help your pet if it isn't seeing well.

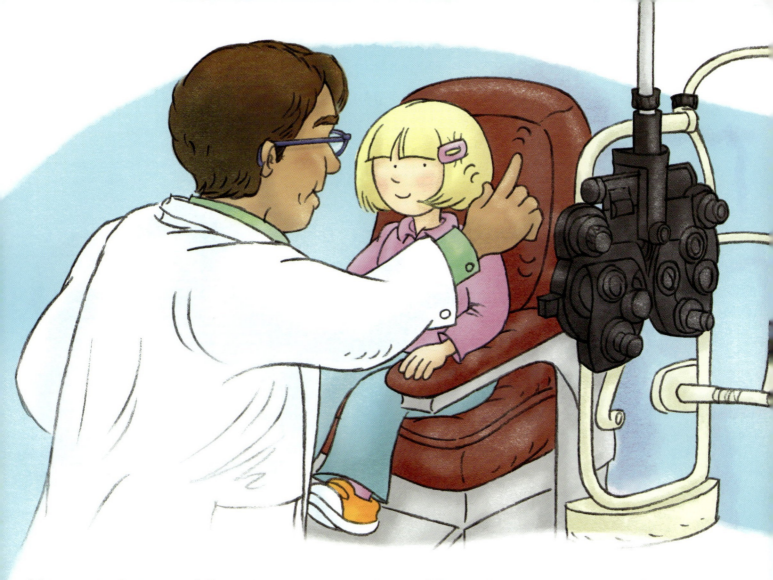

Your eye doctor might ask you to watch an object that moves around to make sure that you can see and follow moving objects.

Same: Your veterinarian might swing an object back and forth in front of your pet to see if it can follow the object with its eyes.

Your eyes and your pet's eyes are filled with clear fluid. The eye doctor might puff air into your eyes or use an instrument called a tonometer to make sure your eyes don't have too much fluid in them.

Same: Your veterinarian will do the same thing to your pet to make sure its eyes are full enough.

Your eye doctor might put drops in your eyes so your pupil gets bigger, so they can see the parts inside your eye. This is called dilation.

Same: Your veterinarian might dilate your pet's eyes so they can get a better look at the parts inside.

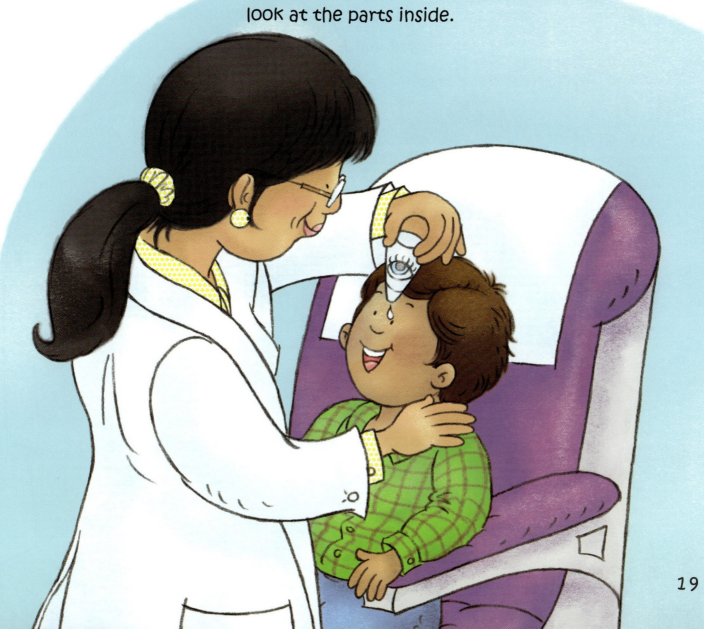

Your eye doctor might use an instrument called an ophthalmoscope or a bigger instrument called a slit lamp to shine light into your eyes so they can look inside.

Same: Your veterinarian will use the same instruments on your pet to see inside its eyes.

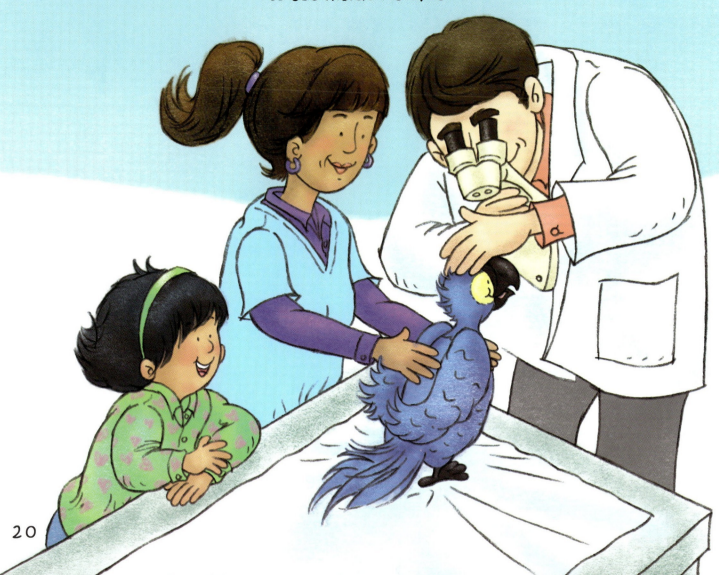

If something scratched your eye, the eye doctor might put drops in your eye so they can see the scratch better. Your eye doctor might give you medicine to put in your eye to help the scratch heal.

Same: If something scratched your pet's eye, the veterinarian might put drops in its eye to see the scratch better. Your veterinarian might give you medicine to put in your pet's eye to help the scratch heal.

Did you know...?

There are veterinarians who are eye doctors? They are called veterinary ophthalmologists. These veterinarians specialize in caring for the eyes of animals. Dr. LaTisha Taylor is a veterinary ophthalmologist.

Here she is examining the eyes of "Duke Day" the dog, using a portable slit lamp.

23

Word Bank

cataract

cornea

dilation

iris

lens

ophthalmologist / optometrist

ophthalmoscope

phoropter

predator

prey

pupil

retina

slit lamp

tapetum lucidum

tonometer